Joshi der Steinmetz

von Becca ‚Heddle’
Illustrationen: Meg ‚Hunt’

Vor langer Zeit lebte in den Bergen Japans ein Steinmetz namens Joshi. Er war ein armer Mann mit einem krummen Rücken und schwieligen Händen vom Behauen der Steine.

Die Leute erzählten sich, dass in den Bergen, in denen Joshi arbeitete, ein Geist lebte. Sie glaubten, dass er Wünsche erfüllte. Doch Joshi hatte den Geist nie gesehen.

Eines Tages brachte Joshi Steine zum Haus eines reichen Mannes. Joshi mochte das schöne Zuhause des reichen Mannes, seine seidenen Gewänder und seine sauberen, weichen Hände.

„Oh, ich wünschte, ich könnte ein reicher Mann sein“, flüsterte Joshi. Da kam ein kühler Wind auf und der Berggeist erschien. Er säuselte: „Dein Wunsch wird erfüllt, Joshi – du sollst nun ein reicher Mann sein.“

Als Joshi nach Hause kam, hatte sich seine Hütte in ein schönes Haus verwandelt.

Joshi war reich. Er räumte sein Werkzeug weg und ruhte sich aus, während er aus dem Fenster sah.

Es wurde heiß an diesem Tag. Joshi sah einen Prinzen vorbeiziehen. Bedienstete fächelten dem Prinzen zu, um ihn zu kühlen und schützten ihn mit goldenen Schirmen vor der Sonne. „Ich wünschte, ich wäre ein Prinz“, sagte Joshi.

Da sagte der Geist: „Dein Wunsch wird erfüllt, Joshi – du sollst nun ein Prinz sein."
Nun war Joshi ein Prinz, wurde in einer Sänfte getragen und hatte Bedienstete um sich.

Prinz Joshi lächelte, als er unter goldenen Schirmen vor der Sonne Schutz suchte. Sein Diener gab ihm Wasser in einer juwelenbesetzten Tasse und Joshi schlürfte es glücklich.

Bald wurde es Prinz Joshi sehr heiß – sogar die Schirme halfen nichts. Als er Wasser auf seine Haut spritzte, ließ die heiße Sonne es gleich wieder trocknen.

„Die Sonne ist viel mächtiger als ich“, murmelte Joshi. „Ich wünschte, ich wäre die Sonne.“ Da sprach der Geist wieder: „Dein Wunsch wird erfüllt, Joshi – du sollst nun die Sonne sein.“

Joshi fühlte, wie er zum Himmel aufstieg und zu scheinen begann. Er war wirklich die Sonne!

Er sandte seine kraftvollen Strahlen zur Erde nieder. Joshi schien heißer. Er ließ die Menschen schwitzen und verbrannte ihre Haut. Er ließ das Land verdorren und das Gras welken. Alles konnte seine Macht spüren.

Eines Tages konnte Joshi, die Sonne, den Boden nicht sehen. Eine Wolke war ihm im Weg. Er schien mit aller Macht, aber die Wolke wollte nicht weichen.

„Kann eine Wolke meine Kraft vernichten?“, schrie Joshi. „Dann wünschte ich, ich wäre eine Wolke.“ „Dein Wunsch wird erfüllt, Joshi – du sollst eine Wolke sein“, antwortete der Geist.

Joshi verwandelte sich in eine große, dicke graue Wolke. Er beendete die Hitze der Sonne und spendete den Menschen Schatten.
Er ließ das Land abkühlen und dann begann er zu regnen.

Joshis Regen ließ Ströme und Flüsse anschwellen und am Boden Pfützen entstehen. Bald wurde das Gras wieder grün und die Feldfrüchte begannen zu wachsen.

Joshi, die Wolke, regnete stärker und stärker. Die kleinen Bäche in den Bergen wurden zu großen Wasserfällen. Flüsse traten über die Ufer und überschwemmten die Feldfrüchte.

Die Wasserflut strömte reißend die Straßen hinab und ergoss sich in die Dörfer. Nur die riesigen Felsen der Berge standen fest und wollten sich nicht bewegen.

„Felsen sind mächtiger als Wolken“, murrte Joshi. „Ich wünschte, ich wäre ein Fels.“ Der Geist antwortete: „Dein Wunsch wird erfüllt, Joshi – du sollst nun ein Fels sein.“

Nun war Joshi ein Fels – riesig, hart und massiv. Er fürchtete nicht den Regen und nicht die Sonne. „Nichts kann stärker sein als ich“, prahlte er.

Da spürte Joshi, der Fels, dass Werkzeug in ihn hineinschnitt. „Ein Steinmetz ist stärker als ich!“, sagte Joshi. „Ich wünschte, ich wäre wieder ein Mensch.“ „Der Berggeist lächelte. „Dein Wunsch wird erfüllt, Joshi – du sollst nun ein Mensch sein.“

Joshi, der Steinmetz, ergriff seine Werkzeuge und begann zu arbeiten. Sein Rücken war krumm und er war arm – aber jetzt war er glücklich.

Erzähle nach

Es war einmal …

Ende